# Inhalt

**Strategisches Beteiligungsmanagement - bei Finanzdienstleistern derzeit hoch im Kurs**

Kernthesen

Beitrag

Fallbeispiele

Weiterführende Literatur

Impressum

# Strategisches Beteiligungsmanagemen - bei Finanzdienstleistern derzeit hoch im Kurs

*M.Dengl*

## Kernthesen

- Durch die Einführung der neuen Basel III Regelungen steigen die Anforderungen an das Beteiligungsmanagement von Finanzdienstleistern.
- Das Beteiligungsmanagement muss neue Strategien und Maßnahmen entwickeln, um gegebenenfalls rechtzeitig vor Basel III Umstrukturierungen im

Beteiligungsportfolio vornehmen zu können.
- Bei der Bewertung von Beteiligungen erhält aufgrund der Finanzkrise das Kreditrisiko mehr Gewicht.
- Im Fokus strategischer Beteiligungsportfolios bei Finanzdienstleistern stehen meist Kostenreduzierung oder Dienstleisteraspekte.

## Beitrag

# Die Beteiligungspolitik deutscher Finanzdienstleister im Wandel

Das ehemalige Beteiligungsgeflecht, der sogenannten "Deutschland AG", worin die größten deutschen Finanzinstitute und Unternehmen jeweils untereinander beteiligt waren, existiert so nicht mehr. Selbstverständlich haben große Finanzdienstleister wie die Deutsche Bank oder die Allianz AG noch heute diverse Beteiligungen an deutschen Unternehmen, aber beispielsweise die Landesbanken, die Commerzbank oder auch die Münchner Rück haben ihre Industriebeteiligungen inzwischen stark reduziert. Ursache ist eine Gewichtsverschiebung weg von "interessewahrenden Industriebeteiligungen" hin zu mehr strategischen Beteiligungen vor dem Hintergrund der Komplexitätsreduktion. Gründe hierfür sind bei international agierenden Instituten die zunehmende Globalisierung, die eine strategische Positionierung in neuen Märkten erfordert, sowie die Erweiterung oder Absicherung von Vertriebskanälen. Darüber hinaus wirken sich hier inzwischen eine neue, moderne Art der Unternehmensführung ebenso aus wie die Beschränkung der Aufsichtsratsmandate. Begünstigt wird der Wandel durch neue gesetzliche Rahmenbedingungen wie beispielsweise das Baseler Regime oder veränderte Bilanzierungsvorschriften. Auch die EU-Kommission trägt mit ihren Forderungen beispielsweise im Landesbankenbereich dazu bei, dass die Finanzinstitute ihre Beteiligungen neu überdenken müssen. So hat sich die Beteiligungspolitik bei Banken zwangsläufig stark verändert: Strategische Beteiligungen und die damit einhergehende strategische Positionierung auf dem Weltmarkt haben an Bedeutung gewonnen. Dazu gehören unter anderem der Kauf von Beteiligungen im asiatischen Raum und die Schaffung von geeigneten Vertriebskanälen. (4), (5)

## Basel III verändert Beteiligungsmanagement

Die geplante Einführung der Basel III Regeln bringt Änderungen für die Kreditinstitute mit sich, die auch das Beteiligungsmanagement betreffen. Neben erhöhten Transparenz- und Datenanforderungen sind die Minderheitenbeteiligungen und die nicht konsolidierungspflichtigen Beteiligungen von den neuen Regelungen betroffen. Regulatorisch geforderte Kapitalunterlegungen für diese Art von Beteiligungen erfordern vom Beteiligungsmanagement völlig neue Steuerungsstrukturen, um diese zu optimieren. Strategische Beteiligungsportfolios haben erhebliche Vermögenswerte. Daher sind in dem Zusammenhang auch Auswirkungsanalysen von Beteiligungsinvestments im Hinblick auf die Eigenkapitalwirkung bei den Instituten von wesentlicher Bedeutung. Die Eigenkapitalkomponenten der jeweiligen Beteiligungen dürfen nach Basel III nur noch in Beteiligungshöhe berücksichtigt werden. Bisher konnten die Banken das volle Eigenkapital unabhängig von der Beteiligungshöhe ausschöpfen. Es ist anzunehmen, dass durch das neue Basel III bei erstmaliger Anwendung bei nicht wenigen Beteiligungsbewertungen ein Wertverzehr eintreten wird. Dies erfordert im Gegenzug vom Beteiligungsmanagement frühzeitig unternehmenspolitische und strategische Gegenmaßnahmen, unter Umständen bis hin zum Verkauf nicht strategischer Beteiligungen. Die Basel

III Regelungen sind bisher noch nicht endgültig in das europäische und nationale Recht umgesetzt worden. Da in der Regel Änderungen in Beteiligungsstrukturen aber sehr langwierige Abstimmungsprozesse innerhalb der Aufsichts- und Gesellschaftergremien erfordern, gilt es für die Banken sich frühzeitig mit dem Thema zu beschäftigen und falls notwendig, entsprechende Maßnahmen und Umstrukturierungen durchzuführen. Gegebenenfalls müssen sich die Finanzinstitute entsprechendes externes Fachpersonal zur Unterstützung holen. ( 2), (9)

# Trends

## Bewertungsverfahren für Beteiligungen in Bewegung

Die Bewertungsverfahren für Beteiligungen befinden sich ständig in Entwicklung und sind noch lange nicht am Ende. Gilt es doch für das Beteiligungsmanagement neben risikotechnischen auch steuerliche, regulatorische und bilanzielle Gesichtspunkte bei der Steuerung und Bewertung zu berücksichtigen. Dominierten bisher marktrisikoorientierte Bewertungsmodelle, steht derzeit - nicht zuletzt wegen mangelnder Transparenz und dem Fehlen liquider Marktinformationen - das Kreditrisiko der jeweiligen Beteiligung im speziellen Fokus. Denn die Finanzkrise hat gezeigt, dass viele Unternehmen sich eingekauft haben, ohne die jeweiligen Investitionen genau zu prüfen. Um das Risiko bei Beteiligungen besser einschätzen zu können, werden die zukünftigen Zahlungsströme (DCF, Discounted Cash-Flows) mit berücksichtigt. Diese Art der Bewertung ist besonders bei nicht börsennotierten Beteiligungen und bei börsennotierten Beteiligungen ohne aktive, liquide Märkte sinnvoll. Für beide Beteiligungsarten gilt, dass sie langfristig im Anlagebuch gehalten werden. Kern dieser Art des Bewertungsverfahrens ist das Beteiligungsrisiko ähnlich wie ein Kreditrisiko zu bewerten, um so Risiken besser einschätzen zu können. Hauptziel von neuen Bewertungsverfahren für Beteiligungen sollte sein, dem Beteiligungsmanagement leicht kommunizierbare Bewertungsansätze zu liefern, die die Berechnung des Beteiligungsrisikos nachvollziehbar machen, die Vereinbarkeit mit der Portfoliostrategie gewährleisten und gleichzeitig im Einklang mit modernen Sharholder-Value-Methoden stehen. (3)

# Fallbeispiele

# Kostenreduzierung und Dienstleistungsaspekte prägen strategisches Beteiligungsmanagement beim Sparkassenverband Westfalen-Lippe

Der Sparkassenverband Westfalen-Lippe hat sich an mehreren Unternehmen beteiligt, wovon insgesamt 74 westfälisch-lippische Sparkassen profitieren. Ziel der Beteiligungen ist es, das Sparkassenangebot abzurunden und die Kosten zu reduzieren. Im Beteiligungsportfolio des Verbandes stehen Unternehmen wie die Provinzial Nord-West, die WestLB, die Deka-Bank und die LBS West. Diese Beteiligungsunternehmen stellen für die Sparkassen Produkte wie Versicherungen, Fonds oder Bausparverträge zur Verfügung. Andere strategische Beteiligungen hingegen dienen dem Backoffice-Bereich der Sparkassen. Dazu gehören die Beteiligungen an der Finanz-Informatik und der Deutschen Wertpapier-Service Bank AG. Durch diese Zusammenarbeit kann jede einzelne Sparkasse seine Kosten deutlich reduzieren.

Das strategische Beteiligungsmanagement im IT-

Bereich soll einerseits die Qualität erhöhen, andererseits wird gerade im Backoffice-Bereich versucht Einsparungen vorzunehmen. Daher erschien es sinnvoll, die entsprechenden Kapazitäten zu bündeln. Der Sparkassenverband Westfalen-Lippe hat unter anderem dafür gesorgt, dass durch mehrere kleine Zusammenschlüsse, letztendlich die deutschlandweit tätige Finanz-Informatik entstanden ist. Dadurch konnten die Kosten für den IT-Aufwand gesenkt werden. Von großer Bedeutung für die erfolgreiche Kostenersparnis, ist die Einigung auf eine gemeinsame IT-Anwendungslandschaft, die inzwischen für alle deutschen Sparkassen gilt.

Auch im Wertpapierbereich konnten durch sinnvolle strategische Beteiligungen Kosten verringert werden. Um die Wertpapierabwicklung für die Sparkassen und Genossenschaftsbanken zu vereinheitlichen, fusionierten verschiedene Unternehmen zur DWP-Bank und diese im Jahr 2008 mit der TxB Transaktionsbank. Dadurch haben die meisten Sparkassen, Landesbanken und Genossenschaftsbanken nun einen einzigen gemeinsamen Dienstleister für die Wertpapierabwicklung. (1)

## Sparkassen führen

# Beteiligungsmanagementseminar ein

Spezialisten der niedersächsischen Sparkassen-Finanzgruppe leiten ein Seminar zum Thema Beteiligungsmanagement und -controlling. Dabei werden den Teilnehmern in dem zweitägigen Seminar rechtliche und betriebswirtschaftliche Kenntnisse im Bereich Management und strategische Beteiligungen nahegebracht. Sowohl die Seminarleiter wie die Teilnehmer sind mit den Inhalten des Seminars zufrieden und erwarten weitere Folgetermine. Das Seminar richtet sich besonders an die Sparkassenmitarbeiter, die in den Bereichen Controlling, Revision, Rechnungswesen und im Vorstandssekretariat tätig sind. (6)

# Rückkauffrist für HSE-Anteile verlängert

Die Heag Holding AG hat verkündet, sich mit dem Eon-Konzern über eine Verlängerung der Rückkauffrist für das HSE-Aktienpaket geeinigt zu haben. Damit hat die Heag Zeit bis Mitte 2011, um eine Neubewertung des hessischen Energieversorgers HSE vorzunehmen. Die Heag Holding verhandelt mit Eon als städtische Beteiligungsgesellschaft über den

Rückkauf der HSE-Aktien. Eon und die Heag Holding sind sich noch nicht über den endgültigen Rückkaufpreis einig. Der liegt momentan bei 305 Millionen Euro für 40 Prozent der HSE-Aktien. Eine erneute Bewertung der Aktien soll nun klären, ob der Kaufpreis für gerechtfertigt ist oder nicht. (7), (8)

## Weiterführende Literatur

(1) Beteiligungsmanagement aus Sicht des Sparkassenverbandes Westfalen-Lippe
aus Zeitschrift für das gesamte Kreditwesen 04 vom 15.02.2011 Seite 172

(2) Auswirkungen von Basel III auf das Beteiligungsmanagement
aus Zeitschrift für das gesamte Kreditwesen 04 vom 15.02.2011 Seite 175

(3) Performancemessung von Beteiligungen
aus Zeitschrift für das gesamte Kreditwesen 04 vom 15.02.2011 Seite 186

(4) Zwischen Performancedruck und Netzwerkpflege
aus Zeitschrift für das gesamte Kreditwesen 04 vom 15.02.2011 Seite 164

(5) Hinkt Deutschland der Welt hinterher? - Jahresrückblick auf das deutsche M&A-Geschehen 2010

aus M&A Review 2/2011 Seite 49

(6) Pilotseminar Beteiligungsmanagement
aus Die SparkassenZeitung, 15.10.2010, Nr. 41, S. 18

(7) Eon muss mit HSE-Anteilsverkauf warten
aus www.powernews.org Meldung vom 22.02.2011 - 16:07

(8) Eon-Konzern verlängert Frist
aus www.powernews.org Meldung vom 22.02.2011 - 16:07

(9) Die neuen Regularien - Implikationen für das strategische Beteiligungsportfolio von Banken
aus Zeitschrift für das gesamte Kreditwesen 04 vom 15.02.2011 Seite 179

# Impressum

## Strategisches Beteiligungsmanagement - bei Finanzdienstleistern derzeit hoch im Kurs

**Bibliografische Information der deutschen Nationalbibliothek**

Die Deutsche Nationalbibliothek verzeichnet diese Publikation in der deutschen Nationalbibliografie; detaillierte bibliografische Daten sind im Internet über http://dnb.d-nb.de abrufbar.

ISBN: 978-3-7379-1273-0

© 2015 GBI-Genios Deutsche Wirtschaftsdatenbank GmbH, Freischützstraße 96, 81927 München, www.genios.de

Alle Rechte vorbehalten. Dieses Werk ist einschließlich aller seiner Teile – z.B. Texte, Tabellen und Grafiken - urheberrechtlich geschützt. Jede Verwertung außerhalb der Grenzen des Urheberrechtsgesetzes bedarf der vorherigen Zustimmung des Verlags. Dies gilt insbesondere auch für auszugsweise Nachdrucke, fotomechanische Vervielfältigungen (Fotokopie/Mikroskopie), Übersetzungen, Auswertungen durch Datenbanken oder ähnliche Einrichtungen und die Einspeicherung und Verarbeitung in elektronischen Systemen.